tenor

# MOZART

## Opera Arias

Edited by Paolo Toscano
Previously published material edited by Gottfried Becker

Cover: Detail from *Mozart am Klavier* (Mozart at the keyboard), *c*1789-90, Joseph Lange

ISBN: 0-634-06318-9

# RICORDI

DISTRIBUTED BY

7777 W. BLUEMOUND RD. P.O. BOX 13819 MILWAUKEE, WI 53213

www.halleonard.com
www.ricordi.com

# CONTENTS

4    Aria Plots and Translations

**ASCANIO IN ALBA**

24    Sento, che il cor mi dice

**BASTIEN UND BASTIENNE**

20    Großen Dank dir abzustatten

**LA CLEMENZA DI TITO**

40    Del più sublime soglio

44    Ah, se fosse intorno al trono

33    Se all'impero, amici Dei

**COSÌ FAN TUTTE**

48    Un'aura amorosa

58    Ah! lo veggio

52    Tradito, schernito

**DON GIOVANNI**

65    Dalla sua pace

68    Il mio tesoro

**DIE ENTFÜHRUNG AUS DEM SERAIL**

74    O wie ängstlich, o wie feurig

80    Frisch zum Kampfe!

94    Wenn der Freude Tränen fliessen

86    Ich baue ganz auf deine Stärke

**LA FINTA GIARDINIERA**

99    Che beltà, che leggiadria

104    Care pupille, pupille belle

**LA FINTA SEMPLICE**

118     Cosa ha mai la donna indosso

112     In voi, belle, è leggiadria

**IDOMENEO**

125     Se il tuo duol

136     Fuor del mar

148     Torna la pace al core

**LUCIO SILLA**

161     Il desio di vendetta

172     Guerrier, che d'un acciaro

**LE NOZZE DI FIGARO**

184     In quegli anni

**IL RE PASTORE**

198     Si spande al sole in faccia

206     Se vicendo vi rendo felici

191     Voi che fausti ognor donate

**IL SOGNO DI SCIPIONE**

216     Dì che sei l'arbitra

**ZAIDE**

225     Rase, Schicksal, wüte immer

234     Herr und Freund, wie dank' ich dir

**DIE ZAUBERFLÖTE**

242     Dies Bildnis ist bezaubernd schön

# ASCANIO IN ALBA
## (Ascanius in Alba)

**Libretto:** Giuseppe Parini. **First performance:** Regio Ducal Teatro, Milan, 17 October 1771. This allegory of an arranged marriage was part of the celebration for the wedding of the Habsburg Archduke Ferdinand to Maria Ricciarda Berenice d'Este. **Setting:** A pastoral scene in Alba, an idyllic country peopled with Graces, nymphs, and shepherds.

## Sento, che il cor mi dice
from Part 2

**Dramatic context:** Aceste, a priest in the service of Venus (the goddess of love), offers words of comfort to the nymph Silvia, who is being tested by the gods in her love for Ascanio.

*Aceste:*

| | |
|---|---|
| Sento, che il cor mi dice, | *I feel my heart tell me* |
| che paventar non dei: | *that I need not be afraid:* |
| ma penetrar non lice | *yet we may not* |
| dentro all'ascoso vel. | *penetrate the veil.* |
| | |
| Sai, che innocente sei, | *You know that you are innocent,* |
| sai, che dal Ciel dipendi. | *you know that you depend on heaven.* |
| Lieta la sorte attendi, | *Happily should you await the fate* |
| che ti prescrive il Ciel. | *which heaven ordains for you.* |

# BASTIEN UND BASTIENNE
## (Bastien and Bastienne)

**Libretto:** Friedrich Wilhelm Weiskern and Johann Müller; revised by Johann Andreas Schachtner after *Les amours de Bastien et Bastienne*, an *opéra comique* by Marie-Justine-Benoîte Favart and Harny de Guerville, itself a parody of Jean Jacques Rousseau's *Le devin du village*. **First performance:** F.A. Mesmer's house, Vienna, September/October 1768. **Setting:** An Austrian village, eighteenth century.

## Großen Dank dir abzustatten

**Dramatic context:** The shepherdess Bastienne is upset because her lover Bastien has cast her aside for a noble lady from Vienna. Colas, the villiage "magician," approaches, playing upon his bagpipe and singing. He comforts the distraught girl, telling her that this is only a passing fancy for Bastien. After Bastienne departs, Bastien comes upon the scene and tells Colas that he is bored with the Viennese lady; he now realizes that it is Bastienne whom he loves.

*Bastien:*

| | |
|---|---|
| Großen Dank dir abzustatten, | *Many thank to you to render,* |
| Herr Colas, ist meine Pflicht. | *Mr. Colas, it is my duty.* |
| Du zerteilst des Zweifels Schatten | *You have dispersed the shadows of doubt* |
| durch den weisen Unterricht. | *through your wise counsel.* |
| Ja, ich wähle die zum Gatten, | *Yes, I choose for a bride* |
| die des Lebens Glück verspricht. | *the one who promises a lifetime of happiness.* |
| In den angebot'nen Schätzen | *The treasures the "city lady" offered* |
| ist für mich kein wahr Ergötzen. | *gave me no real delight.* |
| Bastienne's Lieblichkeit | *Bastienne's loveliness* |
| mach mich mehr als Gold erfreut. | *pleases me more than gold.* |

# LA CLEMENZA DI TITO
## (The Clemency of Titus)

**Libretto:** Caterino Mazzolà, adapted from a libretto by Pietro Metastasio. **First performance:** National Theatre, Prague, 6 September 1791. **Setting:** Rome, *c*80 A.D.

## Del più sublime soglio
### from Act 1

**Dramatic context:** Emperor Tito, who contemplates marrying his friend Sesto's sister Servilia, promises Sesto a great and powerful position at his palace. Tito extols the privilege of generosity enjoyed by men of great power.

*Tito:*

| | |
|---|---|
| Del più sublime soglio | *Of the highest throne* |
| l'unico frutto è questo: | *the single fruit is this:* |
| tutto è tormento il resto, | *all else is torment,* |
| e tutto è servitù. | *and all is servitude.* |
| Che avrei, se ancor perdessi | *What would I have, were I also to lose* |
| le sole ore felici | *the only happy hours* |
| ch'ho nel giovar gli oppressi, | *I pass in aiding the oppressed,* |
| nel sollevar gli amici, | *in helping friends,* |
| nel dispensar tesori | *in dispensing wealth* |
| al merto, e alla virtù? | *to the deserving, and the virtuous?* |

## Ah, se fosse intorno al trono
### from Act 1

**Dramatic context:** When Servilia learns of Tito's intention to marry her, she confesses to him that she is in love with Annio. He blesses heaven for her honesty and releases her, stating that offending truth pleases him more than flattering lies.

*Tito:*

| | |
|---|---|
| Ah, se fosse intorno al trono | *Ah, if around my throne* |
| ogni cor così sincero, | *every heart was so sincere,* |
| non tormento un vasto impero, | *a vast empire wouldn't be a torment,* |
| ma saria felicità! | *but a joy!* |
| | |
| Non dovrebbero i regnanti | *Rulers would not have* |
| tollerar sì grave affanno | *to tolerate the serious burden* |
| per distinguer dall'inganno | *of distinguishing deceit* |
| l'insidiata verità. | *from the disguised truth.* |

## Se all'impero, amici Dei
### from Act 2

**Dramatic context:** Though Tito's friend Sesto has been found guilty of treason, the Emperor cannot bring himself to sign the death warrant. Tearing up the document, he tells the gods that if a cruel heart is required to rule the empire, then they must either take the throne from him or grant him a different heart.

*Tito:*

| | |
|---|---|
| Se all' impero, amici Dei, | *If a to rule, friendly gods,* |
| necessario è un cor severo, | *a severe heart is necessary,* |
| o togliete a me l'impero, | *either take the empire away from me* |
| o a me date un altro cor. | *or give me another heart.* |
| Se la fe' de' regni miei | *If confidence in my reign* |
| coll'amor non assicuro, | *cannot be assured by my love,* |
| d'una fede non mi curo, | *then I do not desire a loyalty* |
| che sia frutto del timor! | *which is merely the fruit of fear!* |

# COSÌ FAN TUTTE
## (ossia La Scuola degli Amanti)
## (Women are Like That, or The School for Lovers)

**Libretto:** Lorenzo da Ponte. **First performance:** Burgtheater, Vienna, 26 January 1790. **Setting:** Naples, eighteenth century.

## Un'aura amorosa
### from Act 1

**Dramatic context:** Two young Neapolitan soldiers, Ferrando and Guglielmo, have disguised themselves as Albanians in a plot devised by their friend Don Alfonso. They will test whether or not their girlfriends, the sisters Fiordiligi and Dorabella, are faithful. Having completed the first exercise in deception, Ferrando sings of the nurturing power of love.

*Ferrando:*

| | |
|---|---|
| Un'aura amorosa | *The loving glow* |
| del nostro tesoro | *of our beloved,* |
| un dolce ristoro | *a sweet restorative* |
| al cor porgerà. | *to the heart will supply.* |
| | |
| Al cor che nudrito | *To the heart nourished* |
| da speme, d'amore, | *by hope, by love,* |
| di un'esca migliore | *no greater temptation* |
| bisogno non ha. | *is needed.* |

# Ah! lo veggio
from Act 2

**Dramatic context:** Finally deciding that there is nothing wrong with a little flirtation, the girls choose their "Albanian" partners and go for a walk around the garden. Ferrando declares to Fiordiligi his devotion, asking only for a kindly glance from her.

*Ferrando:*

| | |
|---|---|
| Ah! lo veggio, quell'anima bella | *Ah! I see it, your beautiful soul* |
| al mio pianto resister non sa, | *cannot resist my weeping;* |
| non è fatta per esser rubella, | *it is not capable of rebelling* |
| agli affetti di amica pietà. | *against such friendly feelings.* |
| | |
| In quel guardo, in quei cari sospiri | *In those glances, in those dear sighs,* |
| dolce raggio lampeggia al mio cor; | *a sweet ray shines into my heart;* |
| già rispondi a' miei caldi desiri! | *already you are responding to my hot desires!* |
| già tu cedi al più tenero amor. | *already you give in to the most tender love.* |
| | |
| Ma tu fuggi spietata, tu taci, | *But you flee, pitiless one; you are silent,* |
| ed invano mi senti languir? | *and you hear me languishing in vain?* |
| Ah! cessate, speranze fallaci, | *Ah! cease, false hopes;* |
| la crudel mi condanna a morir. | *the cruel one condemns me to die.* |

# Tradito, schernito
from Act 2

**Dramatic context:** In the girls' seaside garden, Ferrando and Guglielmo meet to compare notes on their success with one another's women. Guglielmo is suitably pleased to hear of Fiordiligi's faithfulness, but Ferrando is livid when he learns of Dorabella's behavior and sees proof in the locket he himself once gave her.

*Ferrando:*

| | |
|---|---|
| In qual fiero contrasto, in qual diordine | *In what fierce conflict, in what turmoil* |
| di pensieri e d'affetti io mi ritrovo? | *of thoughts and affections do I find myself again?* |
| Tanto insolito e novo è il caso mio, | *My situation is so unusual* |
| che non altri, non io basto per consigliarmi... | *that no one, not even I myself, can advise me...* |
| Alfonso, quanto rider vorrai della mia stupidezza! | *Alfonso, how you will laugh at my stupidity!* |
| Ma mi vendicherò: | *But I will have revenge:* |
| saprò dal seno cancellar quell'iniqua... | *I will banish that wicked woman from my heart...* |
| Cancellarla? Troppo, o Dio, | *Banish her? Too much, oh God,* |
| questo cor per lei mi parla. | *does my heart plead for her.* |
| | |
| Tradito, schernito | *Betrayed, scorned* |
| dal perfido cor, | *by her treacherous heart,* |
| io sento che ancora | *I feel that still* |
| quest'alma l'adora. | *my soul adores her.* |
| Io sento per essa | *I hear, speaking on her behalf,* |
| le voci d'amor. | *the voices of love.* |

# DON GIOVANNI
## (Don Juan)

**Libretto:** Lorenzo da Ponte, after Giovanni Bertati's libretto for Giuseppe Gazzaniga's opera *Il convitato di pietra*; also based on the Don Juan legends. **First performance:** National Theatre, Prague, 29 October 1787. **Setting:** Seville, sixteenth century.

## Dalla sua pace
### from Act 1

**Dramatic context:** Donna Anna is convinced that it was Don Giovanni who tried to seduce her, killing her father as he tried to defend her honor. After she and her fiancé Don Ottavio happen into Don Giovanni on the street, Donna Anna recalls her father's death and swears to avenge it. Don Ottavio sings of how much he loves her.

*Don Ottavio:*

| | |
|---|---|
| Dalla sua pace | *My peace of mind* |
| la mia dipende, | *depends on hers,* |
| quel che a lei paice | *whatever pleases her* |
| vita mi rende, | *gives me life,* |
| quel che le incresce | *that which is unpleasant to her* |
| morta me dà. | *kills me.* |
| | |
| S'ella sospira, | *If she sighs,* |
| sospiro anch'io; | *I sigh, too;* |
| è mia quell'ira, | *her anger,* |
| quel pianto è mio | *her tears are mine,* |
| e non ho bene | *and I have no happiness* |
| s'ella non l'ha. | *if she does not.* |

## Il mio tesoro
### from Act 2

**Dramatic context:** Don Ottavio is finally convinced that it was Don Giovanni who killed the Commendatore, the father of his fiancée Donna Anna. He asserts that he will punish this wrong and bring solace to his beloved.

*Don Ottavio:*

| | |
|---|---|
| Il mio tesoro intanto | *My beloved, meanwhile,* |
| andate a consolar! | *go to comfort,* |
| e del bel ciglio il pianto | *and from her lovely lash the tears* |
| cercate di asciugar. | *attempt to dry.* |
| | |
| Ditele che i suoi torti | *Tell her that for the wrongs she has suffered* |
| a vendicar io vado; | *to revenge I am gone;* |
| che sol di stragi e morti | *that only destruction and death* |
| nunzio vogl'io tornar! | *will I return proclaiming.* |

# DIE ENTFÜHRUNG AUS DEM SERAIL
## (The Abduction from the Seraglio)

**Libretto:** Christoph Friedrich Bretzner (*Belmont und Constanze, oder Die Entführung aus dem Serail*), adapted and enlarged by Gottlieb Stephanie the Younger. **First performance:** Burgtheater, Vienna, 16 July 1782.
**Setting:** Pasha Selim's palace on the coast of Turkey, mid-sixteenth century.

## O wie ängstlich, o wie feurig
### from Act 1

**Dramatic context:** Belmonte, a Spanish nobleman, has arrived in Turkey to search for his beloved Constanze who, along with her maid Blonde and Belmonte's servant Pedrillo, was abducted by pirates. Finding Pedrillo, Belmonte is relieved to learn that Constanze is unharmed.

*Belmonte:*

Constanze! dich wieder zu sehn, dich!

            *Constanze! to see you again, you!*

O wie ängstlich, o wie feurig
klopft mein liebevolles Herz!
und des Wiedersehens Zähre
lohnt der Trennung bangen Schmerz.
Schon zittr' ich und wanke,
schon zag' ich und schwanke,
es hebt sich die schwellende Brust.
Ist das ihr Lispeln?
Es wird mir so bange;
war das ihr Seufzen?
Es glüht mir die Wange.
Täuscht mich die Liebe,
war es ein Traum?

*Oh how anxiously, oh how passionately*
*beats my love-filled heart!*
*and a tear at our reunion*
*will compensate for the anxious pain of separation.*
*Already I tremble and waver,*
*already I hesitate and falter;*
*my swelling bosom is heaving.*
*Is that her whispering?*
*It makes me so uneasy;*
*was that her sighing?*
*It makes me blush.*
*Does love deceive me,*
*was it all a dream?*

## Frisch zum Kampfe!
### from Act 2

**Dramatic context:** Pedrillo has informed Blonde of Belmonte's arrival. He outlines the plan to escape from the seraglio, explaining that the overseer Osmin will be drugged, and then he and Belmonte will abduct Constanze and Blonde at midnight. She is elated by this news and rushes off to tell her mistress, while Pedrillo is left alone to steel himself for what is to come.

*Pedrillo:*

Frisch zum Kampfe! frisch zum Streite!
Nur ein feiger Tropf verzagt.
Sollt' ich zittern? Sollt' ich zagen?
Nicht mein Leben mutig wagen?
Nein, ach nein, es sei gewagt!

*Courage, to battle! courage, to the conflict!*
*Only a cowardly fool loses heart.*
*Should I tremble? Should I hesitate?*
*Not wager my life bravely?*
*No, ah no, let it be wagered!*

## Wenn der Freude Tränen fliessen
from Act 2

**Dramatic context:** Osmin has been drugged and the planned escape set in motion. Belmonte reflects on the pains and pleasures of being in love.

*Belmonte:*

| | |
|---|---|
| Wenn der Freude Tränen fliessen, | *When tears of joy are flowing,* |
| lächelt Liebe dem Geliebten hold! | *love smiles sweetly at the beloved!* |
| Von den Wangen sie zu küssen, | *To kiss those tears from her cheeks* |
| ist der Liebe schönster, grösster Sold. | *is love's greatest, most beautiful reward.* |
| Ach! Constanze! dich zu sehen, | *Ah, Constanze! to see you,* |
| dich voll Wonne, voll Entzükken | *you, full of delight, full of enchantment,* |
| an dies treues Herz zu drükken, | *to press you to my faithful heart;* |
| lohnet mir nicht Kron' und Pracht! | *neither crown nor splendor would reward me so!* |
| Ha! dieses sel'ge Wiederfinden, | *Ah! these blessed reunions* |
| lässt innig erst mich ganz empfinden, | *cause me to feel with my whole heart* |
| welchen Schmerz die Trennung macht. | *what pain the separation creates.* |

## Ich baue ganz auf deine Stärke
from Act 3

**Dramatic context:** Outside Osmin's house at midnight, Pedrillo assures Belmonte that all the preparations for escape have been made. Now they must wait for the guards to finish their rounds. Pedrillo advises Belmonte to sing, for he himself often serenades his Blonde. For this reason, Belmonte's song will arouse no suspicions.

*Belmonte:*

| | |
|---|---|
| Ich baue ganz auf deine Stärke, | *I rely completely on your strength;* |
| vertrau', o Liebe, deiner Macht. | *I trust, oh love, in your power.* |
| Denn ach, was wurden nicht für Werke | *For ah, just look at the accomplishments* |
| schon oft durch dich zustand gebracht. | *you so often have brought about.* |
| Was aller Welt unmöglich scheint, | *What appears impossible to the whole world* |
| wird durch die Liebe doch vereint. | *is still brought about through love.* |

# LA FINTA GIARDINIERA
## (The Feigned Gardeness)

**Libretto:** Author unknown. **First performance:** Salvatortheatre, Munich, 13 January 1775. **Setting:** The Mayor's country estate at Lagonero, mid-eighteenth century.

## Che beltà, che leggiadria
### from Act 1

**Dramatic context:** Count Belfiore arrives in a carriage. As he greets his beloved Arminda, he praises her beauty and radiance to those assembled in the Mayor's garden.

*Belfiore:*

| | |
|---|---|
| Che beltà, che leggiadria, | *What beauty, what grace,* |
| che splendore, eterni Dei! | *what splendor, eternal Gods!* |
| Guardo il sole e guardo lei, | *I gaze at the sun and I gaze upon her,* |
| e colpito da quei rai | *and, stricken by those rays,* |
| parmi, oh Dio! di vacillar. | *I seem, O God! to reel.* |

## Care pupille, pupille belle
### from Act 2

**Dramatic context:** Belfiore has learned that the Mayor's gardeness Sandrina is actually his former fiancée, the Marchesa Violante Ornesti, in disguise. When she upbraids him for the fight which ended their relationship, he pleads with her to love him again. In a comic turn of events, Belfiore attempts to kiss Sandrina's hand but instead grasps the hand of the eavesdropping Mayor, who has sneaked up on them.

*Belfiore:*

| | |
|---|---|
| Care pupille, pupille belle, | *Dear eyes, beautiful eyes,* |
| volgete un sguardo a me. | *turn a gaze towards me.* |
| Ah, se voi siete quelle | *Ah, if you are those eyes* |
| che delirar mi fate… | *that make me delirious…* |
| *(Sandrina mostra sdegnarsi e lo sollecita a partire.)* | (Sandrina becomes angry and asks him to leave.) |
| Parto, non vi sdegnate, | *I am leaving, don't be angry;* |
| che barbaro rigor. | *what cruel severity.* |
| *(Il Podestà sta in osservazione ed avvincinandosi. Sandrina lo vede e si scosta ed in luogo di Sandrina entra il Podestà e mentre il Contino timoroso vuol prendere la mano di Sandrina, prende quella del Podestà.)* | (The Mayor is watching and coming closer. Sandrina see him and steps aside as he takes her place. As Belfiore timidly goes to take Sandrina's hand, he takes the Mayor's hand instead.) |
| Ma nel partir, carina, | *But as I depart, dearest,* |
| vorrei, se m'è permesso, | *I would like, if you will permit me,* |
| baciar quella manina | *to kiss that little hand* |
| per segno del mio amor. | *as a sign of my love.* |
| Ah, che manina tenera, | *Ah, what a tender little hand;* |
| io me ne vado in cenere, | *I am turning into ashes,* |
| dolcissima mia Venere. | *my sweetest Venus.* |
| *(al Podestà)* | (to the Mayor) |
| Padrone stimatissimo, | *Most esteemed master,* |
| gli son buon servitor. | *I am your good servant.* |
| *(da sè)* | (to himself) |
| (Destin maledettissimo, | *(Damnable fate,* |
| mancava questo ancor.) | *this was all I needed.)* |

# LA FINTA SEMPLICE
## (The Feigned Simpleton)

**Libretto:** Carlo Goldoni, with alterations by Marco Coltellini. **First performance:** Archbishop's Palace, Salzburg, 1 May 1769. **Setting:** The estate of Don Cassandro and Don Polidoro, near Cremona, mid-eighteenth century.

## Cosa ha mai la donna indosso
### from Act 1

**Dramatic context:** Don Polidoro, a wealthy, dimwitted Italian landowner, is enchanted by Rosina. He explains his infatuation to his brother Don Cassandro, a confirmed misogynist.

*Don Polidoro:*

| | |
|---|---|
| Cosa ha mai la donna indosso | *What is it a woman has about her* |
| che mi piace tanto tanto? | *that pleases me ever so much?* |
| Se la guardo, in lei m'incanto: | *If I look at her, I'm enchanted by her:* |
| se la tocco mi fo rosso, | *if I touch her, I blush,* |
| e che caldo ella mi fa! | *and how hot she makes me!* |
| | |
| Il malanno che li porti, | *May misfortune befall* |
| quei che sprezzan le consorti, | *those who disdain their wives;* |
| carezzarla coccolarla, | *caress and cuddle* |
| una moglie, poveretta, | *a sweet little,* |
| una moglie, benedetta, | *dear little wife,* |
| anche a me, per carità. | *let me, too, for pity's sake.* |

## In voi, belle, è leggiadria
### from Act 2

**Dramatic context:** Fracasso, a captain in the Hungarian army, is in love with Giacinta, the sister of Cassandro and Polidoro. Though she returns his affections, she likes to play hard to get. This has made Fracaso a little unsure of her love for him.

*Fracasso:*

| | |
|---|---|
| In voi, belle, è leggiadria | *In you, fair one, it is stylish* |
| se talor pregar vi fate; | *if you sometimes play hard to get;* |
| il negare è cortesia | *to refuse is a courtesy* |
| se negando voi donate; | *if, by refusing, you give way;* |
| e quand'ama una fanciulla, | *and when a young girl loves,* |
| non volendo mai far nulla, | *though not wishing to do anything,* |
| per amor tutto poi fà. | *she does everything for love.* |
| | |
| Fanciulette ritrosette, | *Bashful young girls,* |
| se per farvi a noi più care | *if, to make yourselves more dear to us,* |
| voi vi fate assai pregare, | *you play hard to get,* |
| fate bene in verità. | *you do well indeed.* |

# IDOMENEO
## (Re di Creta)
## (Idomeneus, King of Crete)

**Libretto:** Abbé Gianbattista Varesco, after Antoine Danchet's libretto for Antoine Campra's opera *Idomenée*; also based on an ancient legend. **First performance:** Hoftheatre, Munich, 29 January 1781. **Setting:** Port of Sidon (now Khania) on the island of Crete near the end of the Trojan Wars, *c*1200 B.C.

## Se il tuo duol
### from Act 2

**Dramatic context:** Idomeneo, King of Crete, was shipwrecked while returning home from the Trojan Wars. In exchange for his life, he made a vow with Neptune, promising to sacrifice the first living creature he should meet. Back on land, it was his son Idamante whom he saw. Now returned to the royal palace, Idomeneo tell his confidant Arbace about the dilemma. Advising that Idamante be sent abroad and that another victim for Neptune be found, Arbace offers the following platitude.

*Arbace:*

| | |
|---|---|
| Se il tuo duol, se il mio desio | *If your grief and my desire* |
| se'n volassero del pari, | *to obey you as best I can* |
| a ubbidirti qual son io, | *are of equal measure,* |
| saria il duol pronto a fuggir. | *your grief will vanish quickly.* |
| | |
| Quali al trono sian compagni, | *He who is close to the throne,* |
| chi l'ambisce or veda e impari: | *and he aspires to it, should see and learn:* |
| stia lontan o non si lagni | *stay away, or not complain* |
| se non trova che martir. | *if he finds nothing but suffering.* |

## Fuor del mar

from Act 2

**Dramatic context:** The exiled Phrygian princess Ilia, beloved of Idamante, has just expressed to Idomeneo her happiness at having found a new home in Crete and a new father in Idomeneo. Now he faces a crisis: for Idamante to escape the wrath of Neptune, he must be sent abroad, even though it will break the hearts of all concerned. Though recused from a storm at sea, Idomeneo feels a stronger tempest raging within him.

*Idomeneo:*

| | |
|---|---|
| Qual mi conturba i sensi equivoca favella? | *Why does her ambiguous speech disturb my mind?* |
| ne' suoi casi qual mostra a un tratto | *In her situation, why does the Phrygian princess* |
| intempestiva gioia la Frigia Principessa? | *suddenly show such untimely joy?* |
| Quei, ch'esprime teneri sentimenti per il Prence | *Those tender feelings she expresses for the prince,* |
| sarebber forse, ahimè! | *could they be, perhaps, alas!* |
| sentimenti d'amor, gioia di speme! | *feelings of love, the joy of hope?* |
| Non m'inganno: reciproco a l'amore, | *I am not mistaken: their love is mutual;* |
| troppo, Idamante, a scior | *Idamante, you were too quick* |
| quelle catene sollecito tu fosti. | *in loosening those chains.* |
| Ecco il delitto, che in te punisce il ciel. | *This is the crime for which heaven punishes you.* |
| Sì, a Nettuno, il figlio, il padre ed Ilia, | *Yes, for Neptune, the son, the father, and Ilia,* |
| tre vittime saran su l'ara istessa | *three victims on the same altar* |
| da egual dolor afflitte, | *afflicted with equal pain—* |
| una dal ferro e due dal duol trafitte. | *one pieced by the sword, the other two by grief.* |
| | |
| Fuor del mar ho un mare in seno, | *Away from the sea, I have a sea in my bosom* |
| che del primo è più funesto. | *which is even more deadly than the first.* |
| E Nettuno ancor in questo | *And Neptune, even in this,* |
| mai non cessa a minacciar. | *never ceases his threats.* |
| | |
| Fiero Nume! dimmi almeno, | *Fierce god! at least tell me:* |
| se al naufragio è sì vicino | *with my heart so near* |
| il mio cor, qual rio destino! | *to being shipwrecked, what harsh destiny* |
| or gli vieta il naufragar? | *denies its complete destruction?* |

## Torna la pace al core
from Act 3

**Dramatic context:** When Ilia tries to offer herself as a sacrifice to Neptune in place of Idamante, the subterranean god's voice is heard. Love has triumphed, Neptune declares; Idomeneo should relinquish the throne in favor of Idamante and Ilia. He is happy to do so.

*Idomeneo:*

Popoli! a voi l'ultima legge
impone Idomeneo qual Re!
Pace v'annunzio!
compiuto il sacrifizio, è sciolto il voto!
Nettuno e tutti i Numi a questo Regno amici son;
resta che al cenno loro Idomeneo ora ubbidisca,
(o quanto, o sommi Dei! quanto m'è grato il cenno!).
Eccovi un altro Re, un altro me stesso,
a Idamante mio figlio, al caro figlio
cedo, il soglio di Creta,
e tutto insieme il sovrano poter,
i suoi comandi rispettate, eseguite ubbedienti,
come i miei eseguiste e rispettaste,
onde grato io vi son. Questa è la legge.
Eccovi la Regal sposa!
Mirate in questa bella coppia
un don del Cielo, serbato a voi,
quanto sperar vi lice,
o Creta fortunata! O me felice!

Torna la pace al core,
torna lo spento ardore,
fiorisce in me l'età.
Tal la stagion di Flora
l'albero annoso infiora,
nuovo vigor gli da.

*My people! on you his last command
as king Idomeneo imposes!
I announce peace!
completed is the sacrifice, and rescinded is the vow!
Neptune and all the gods are friends of this kingdom;
now it remains for Idomeneo to obey their command;
(oh how welcome to me, great gods, is the command!).
Here is another king for you, my other self;
to Idamante my son, my dear son,
I relinquish the throne of Crete
and all its sovereign power;
respect his commands and follow them obediently,
just as you respected and followed mine;
I am grateful to you for that. This is the law.
Here for you is the royal bride!
Behold in this handsome pair
a gift from heaven, reserved for you;
how much hope is now permitted to you,
oh fortunate Crete! Oh how happy I am!*

*Peace returns to my heart,
its spent ardor returns,
and age flourishes in me;
Thus does spring, Flora's season,
bring flowers to the aged tree,
giving it fresh vigor.*

# LUCIO SILLA
### (Lucius Sulla)
**Libretto:** Giovanni de Gamerra. **First performance:** Regio Ducal Teatro, Milan, 26 December 1772. **Setting:** Rome, 79 B.C.

### Il desio di vendetta
from Act 1

**Dramatic context:** Lucio Silla, the tyrannical Roman dictator, is trying to woo Giunia, wife of the banished senator Cecilio. She scorns him, saying she could never love the man who deposed her father and banished her husband. Silla decides that since Giunia has called him cruel, he will behave that way toward her.

*Lucio Silla:*

Il desio di vendetta e di morte
sì m'infiamma, e sì m'agita il petto,
che in quest'alma ogni debole affetto
disprezzato si cangia in furor.

Forse nel punto estremo della fatal partita
mi chiederai la vita,
ma sarà il pianto inutile, inutile il dolor.

*The desire for vengeance and for death
so inflames and agitates my heart
that any slight affection my soul might feel,
when scorned, is changed into fury.*

*Perhaps when our fateful quarrel has ended,
you will beg me for your life,
but your weeping shall be useless, useless your grief.*

## Guerrier, che d'un acciaro
### from Act 2

**Dramatic context:** Having been rejected by Giunia, Lucio Silla considers putting her to death. In the palace, his friend Aufidio offers counsel: since Giunia has many supporters in Rome, Silla should declare her his wife before the Senate and the people.

*Aufidio:*

| | |
|---|---|
| Guerrier, che d'un acciaro | *A warrior who pales* |
| impallidisce al lampo, | *at the flash of steel* |
| a dar non vada in campo | *should not go onto the battlefield* |
| prove di sua viltà. | *to give proof of his cowardice.* |
| | |
| Se or cede a un vil timore, | *First giving in to cowardly fear,* |
| se or cede all speranza, | *then yielding to hope:* |
| e qual sarà incostanza | *if this is not indecision,* |
| se questa non sarà? | *what is?* |

# LE NOZZE DI FIGARO
## (The Marriage of Figaro)

**Libretto:** Lorenzo da Ponte, based on *La folle journée, ou Le mariage de Figaro*, a comedy by Pierre-Auguste Caron de Beaumarchais. **First performance:** Burgtheater, Vienna, 1 May 1786. **Setting:** Count Almaviva's château near Seville, eighteenth century.

## In quegli anni
### from Act 4

**Dramatic context:** The music teacher Don Basilio aphorizes on the wisdom of heeding the experienced advice of one's elders, adding a tale from his own hot, youthful days.

*Don Basilio:*

| | |
|---|---|
| In quegli anni in cui val poco | *In those youthful days in which* |
| la mal pratica ragion | *inexperienced reason is worth very little,* |
| ebbi anch'io lo stesso foco, | *I too felt the same fire;* |
| fui quel pazzo ch'or non son. | *I was foolish then, but now I'm not.* |
| Ma col tempo e coi perigli | *But with time and with troubles,* |
| Donna Flemma capitò, | *Dame Composure appeared* |
| e i capricci ed i puntigli | *and caprice and stubbonness* |
| dalla testa mi cavò. | *she drove from my head.* |
| Presso un piccolo abituro | *To a nearby tiny hut* |
| seco lei mi trasse un giorno, | *she took me with her one day,* |
| e togliendo qui dal muro | *and taking from the wall* |
| del pacifico soggiorno | *of that quiet dwelling* |
| una pelle di somaro: | *the hide of a donkey:* |
| prendi! disse, o figlio caro! | *"take it!" she said, "oh my dear son!"* |
| poi disparve e mi lasciò. | *Then she disappeared and left me.* |
| Mentre ancor tacito guardo quel dono, | *As I looked at that gift, dumbfounded,* |
| il ciel s'annuvola, rimbomba il tuolo, | *the sky clouded over, the thunder rumbled,* |
| mista alla grandine scroscia la piova; | *and the rain poured down, mixed with hail;* |
| ecco, le membra coprir mi giova | *then, to cover myself, I used* |
| col manto d'asino che mi donò. | *the donkey's hide she had given me.* |
| Finisce il turbine, nè fo due passi, | *The storm over, I had barely taken two steps* |
| che fiera orribile dianzi a me fassi: | *when a horrible beast appeared before me:* |
| già mi tocca l'ingorda bocca, | *its greedy jaws were already touching me;* |
| già di difendermi speme non ho; | *I now had no hope of defending myself;* |
| ma il fiuto ignobile del mio vestito | *but the foul odor of my clothes* |
| tolse alla belva sì l'appetito, | *so took away the beast's appetite* |
| che disprezzandomi si rinselvò. | *that, scorning me, it went back into the woods.* |
| Così consoscere mi fe la sorte | *And that's how fate taught me* |
| ch'onte, pericoli, vergogna e morte | *that shame, dangers, humiliation, and death itself* |
| col cuoio d'asino fuggir si può. | *can be avoided by wearing a donkey's hide.* |

# IL RE PASTORE
## (The Shepherd King)

**Libretto:** Pietro Metastasio, revised by Gianbattista Varesco. **First performance:** Archbishop's palace, Salzburg, 23 April 1775. **Setting:** Sidon, in Lebanon, during the time of Alexander the Great, *c*332 B.C.

## Si spande al sole in faccia
from Act 1

**Dramatic context:** Alessandro (Alexander the Great), King of Macedonia, has liberated the city of Sidon and is searching for the rightful successor to the throne. Though warrior heroes experience the pleasure of battle on earth, he says, it is the delight of the gods in heaven to reward virtue, a character trait which is sometimes hidden behind outside appearances.

*Alessandro:*

| | |
|---|---|
| Si spande al sole in faccia | *Sometimes the face of the sun* |
| nube talor così, | *is hidden by a cloud,* |
| e folgora e minaccia | *striking with lightning and threatening* |
| sull'arido terren. | *over the arid ground.* |
| Ma poi che in quella foggia | *But as soon as it has* |
| assai d'umori unì, | *collected enough moisture,* |
| tutta si scioglie in pioggia, | *the cloud lets it fall as rain,* |
| e gli feconda il sen. | *and fertilizes the earth's bosom.* |

## Se vicendo vi rendo felici
from Act 2

**Dramatic context:** Alessandro is pleased to announce his decision to his friend Agenore: Aminta and Tamiri will share the throne of Sidon. (He is unaware of the complications this creates, for Agenore is in love with Tamiri and Aminta is in love with Elisa.)

*Alessandro:*

| | |
|---|---|
| Se vicendo vi rendo felici, | *If by winning I make you happy,* |
| se partendo non lascio nemici: | *if by departing I leave no enemies,* |
| che bel giorno fia questo per me! | *what a beautiful day this will be for me!* |
| De' sudori ch'io spargo pugnando, | *For the sweat that I shed fighting,* |
| non dimando più bella mercè! | *I do not ask a more handsome reward!* |

## Voi che fausti ognor donate
from Act 2

**Dramatic context:** Joyfully anticipating the coronation of Aminta, Alessandro arrives at the courtyard outside the Temple of Hercules where final preparations are being made. His heart is moved at the festive sights.

*Alessandro:*

| | |
|---|---|
| Voi che fausti ognor donate | *You who always favorably grant* |
| nuovi germi a' lauri miei, | *new seeds to my laurels,* |
| secondate, amici Dei, | *support also, friendly gods,* |
| anche i moti del mio cor. | *the stirrings of my heart.* |

# IL SOGNO DI SCIPIONE
## (The Dream of Scipione)

**Libretto:** Pietro Metastasio. **First performance:** Festspielhaus, Salzburg, 20 January 1979 (*sic*); the final cantata may have been used as part of the festivities surrounding the installation of Hieronymous Colleredo as Prince-Archbishop of Salzburg, 1772. **Setting:** Roman empire, ancient times.

### Dì che sei l'arbitra

**Dramatic context:** Scipione, a commander in the Roman army, lies sleeping in the palace of King Massinissa. Fortuna (Fortune) and Costanza (Constancy) appear to him in a dream, telling him that he must choose between them. He espouses Costanza, telling Fortuna that she is powerless over a fearless soul and a noble heart.

*Scipione:*

| | |
|---|---|
| Dì che sei l'arbitra | *You say that you are the arbiter* |
| del mondo intero, | *of the whole world,* |
| ma non pretendere | *but do not therefore* |
| perciò l'impero | *demand the empire* |
| d'un' alma intrepida, | *of a courageous soul,* |
| d'un nobil cor. | *of a noble heart.* |
| | |
| Te vili adorino, | *Let vile men adore you,* |
| nume tiranno, | *tyrannical goddess,* |
| quei che non prezzano, | *those who prize only,* |
| quei che non hanno | *those who possess only* |
| che il basso merito | *the lowly reward* |
| del tuo favor. | *of your favor.* |

# ZAIDE
## (oder Das Serail)
## (Zaide, or The Seraglio)

**Libretto:** Johann Andreas Schachtner, after *Das Serail*, a Singspiel by Franz Josef Sebastiani. **First performance:** Frankfurt, 27 January 1866 (*sic*). **Setting:** Palace of Sultan Soliman.

### Rase, Schicksal, wüte immer
from Act 1

**Dramatic context:** Gomatz is a European who has been sentenced to hard labor in the service of Sultan Soliman. The lovely Zaide, like him a European, is being held captive in Soliman's seraglio. As Gomatz naps in the compound one day, she leaves a miniature portrait of herself in his lap. Awakening to find such a beautiful image, he is inspired to defy the workings of fate.

*Gomatz:*

| | |
|---|---|
| Rase, Schicksal, wüte immer, | *Rage, fate, always storming;* |
| dieser Schild trotzt deiner Wut; | *this shield withstands your anger;* |
| deine Schläge fürcht'ich nimmer, | *your blows I fear no longer;* |
| dieses Bild macht alles gut. | *this portrait makes everything right.* |
| | |
| Diese holden Augenlider, | *These graceful eyelids,* |
| dieses Mundes Purpurrot | *the crimson of this mouth,* |
| bringt mir alles zehnfach wider, | *pay me back ten times over,* |
| würgt mich auch dein Unsinn tot. | *even though your insanity is strangling me to death.* |

## Herr und Freund, wie dank' ich dir
### from Act 1

**Dramatic context:** Gomatz and Zaide decide to escape from the palace. When Allazim, the Sultan's favorite male slave, offers to help, Gomatz is overcome with gratitude.

*Gomatz:*

Herr und Freund, wie dank' ich dir!
Laß mich deine Knie umfassen,
doch ich muß dich schnell verlassen,
denn ich brenne vor Begier!
Laß dich küssen, laß dich drücken!
Ach! im Taumel von Entzücken
weiß ich selbst nicht, was ich tu'.
Denn die Triebe meiner Liebe
rauben mir der Sinnen Ruh'.

*Lord and friend, how I thank you!*
*Let me embrace your knees,*
*but I must leave you quickly,*
*for I am burning with desire!*
*Let me kiss you, let me embrace you!*
*Ah! in the giddiness of delight*
*I don't know what I'm doing,*
*because the inclinations of my love*
*rob me of all peace of mind.*

# DIE ZAUBERFLÖTE
### (The Magic Flute)

**Libretto:** Emanuel Schikaneder. **First performance:** Theater auf der Wieden, Vienna, 30 September 1791. **Setting:** Egypt, legendary times.

## Dies Bildnis ist bezaubernd schön
### from Act 1

**Dramatic context:** Tamino, a prince, has escaped from a huge serpent with the help of three ladies, attendants at the court of the Queen of the Night. They present him with a miniature portrait of Pamina, the Queen's daughter. He gazes at the fair beauty and, enraptured, falls immediately in love.

*Tamino:*

Dies Bildnis ist bezaubernd schön,
wie noch kein Auge je gesehn!
Ich fühl es, wie dies Götterbild
mein Herz mit neuer Regugn füllt.
Dies etwas kann ich zwar nicht nennen,
doch fühl ich's hier wie Feuer brennen:
soll die Empfindung Liebe sein?
Ja, ja! Die Liebe ist's allein.

*This portrait is bewitchingly beautiful,*
*like no eye has even seen before!*
*I feel it, how this divine image*
*fills my heart with new emotions.*
*Indeed, I cannot name this thing,*
*yet I feel it, burning here like a fire:*
*could the sensation be love?*
*Yes, yes! It is love alone.*

O, wenn ich sie nur finden könnte!
O, wenn sie doch schon vor mir stände!
Ich würde warm und rein,
was würde ich?
Ich würde sie voll Entzükken
an diesen heissen Busen drücken,
und ewig wäre sie dann mein.

*Oh, if only I could find her!*
*Oh, if she indeed stood before me already.*
*I would warmly and chastely—*
*what would I do?*
*I would, full of delight,*
*press her to my ardent breast,*
*and then she would be mine forever.*

# Großen Dank dir abzustatten

## BASTIEN UND BASTIENNE

Dank, Herr Co - las, ist mei - ne Pflicht, ist mei - ne

Pflicht. Du zer - teilst des Zwei - fels Schat - ten durch den

wei - sen Un - ter - richt. Ja, ich wäh - le die zum Gat - ten, die des

Le - bens_ Glück ver - spricht, des Le - bens Glück ver - spricht.

22

# Sento, che il cor mi dice

## ASCANIO IN ALBA

26

Sai, che in-no-cen - te se - i, sai, \_\_\_\_\_ che dal Ciel di - pen - di,

sai, \_ che dal Ciel di - pen - di. Lie - ta la sor - te at - ten - di,

lie - ta la sor - te at - ten - di, che ti pre - scri - ve, pre -

29

non de - i:

ma _ pe-ne-trar _ non _ li - ce den-tro al l'a-sco-so _ vel, den -

- - - - - - - - tro al - l'a -

*cresc.*

- sco - - so vel,

al - l'a - sco - - so vel. *[cadenza]*

# Se all'impero, amici Dei
## LA CLEMENZA DI TITO

ne _ ces _ sa _ rio è un cor___ se _ ve _ ro,

o _____ to _ glie _ te    a    me _____ l'im_

_ pe _ ro,        o a me  da _ te un al _ tro cor,  un  al _ tro cor.

Se all'im _ pe _ ro, a _ mi _ ci De _ i,       ne _ ces_

36

cu _ ro che sia frut _ to del___ti_mor! Se al _ l'im _ pe _ ro, a _

_mi _ _ ci De_i, ne _ ces _ sa_rio è un cor___ se _

_ve_ro, ne _ ces _ sa _ rio è un cor,___ se _ ve_ro,

o___ toglie _ te _ mi___ l'im_

38

da _ te un al _ _ _ _ tro cor,

se al _ l'im_pe _ ro    ne_ces_sario è un cor se_ve_ro,    o to _ glie _ te _ mi l'im_

_pe_ro,    e a me da_te un al _ tro    cor!

# Del più sublime soglio

## LA CLEMENZA DI TITO

42

tù,____ tor - men - to e ser - vi-tù, tut - - - - to è tor - men - - to__ e__ ser - - vi-tù, e ser - - vi - tù,____ e__ ser - - vi-tù.

crescendo

f

# Ah, se fosse intorno al trono

## LA CLEMENZA DI TITO

Ah, se fos-se in-tor-no al tro-no o - gni cor co-sì sin-ce - ro, non tor-men-to un va-sto im-pe - ro,

† appoggiatura

ve - ri - tà. Non do - vreb - be - ro tol - le - rar sì gra - ve af-

cresc.

- fan - no. Ah, se fos - se in - tor - no al tro - no o - gni

f  p

simile

cor co - sì_ sin - ce - ro, un va - sto im-

f

-pe - ro, un va - sto im - pe - ro, non sa - ria_ tor-

p

-men - to, ma sa - ria fe - li - ci - tà, fe -

-li - ci - tà, fe - li - ci -

-tà, fe - li - ci - tà.

# Un'aura amorosa
## COSÌ FAN TUTTE

# Tradito, schernito

## COSÌ FAN TUTTE

In qual fie - ro con - tra - sto, in qual di - sor - di - ne di pen - sier rie d'af - fet - ti io mi ri - tro - vo?

Tan - to in - so - li - to e no - vo è il ca - so mi - o, che non al - tri, non i - o

ba - sto per con - si - gliar - mi... Al - fon - so, Al-

† appoggiatura

54

ARIA

# Ah! lo veggio
## COSÌ FAN TUTTE

Ah! lo veg_gio quell'a_ni_ma bel_la al mio pian_to re_si_ster non

sa, non è fat_ta per es_ser ru_bel_la,___ a gli affet_tidi a mi_ca pie_

_tà,___ non è fat_ta per es_ser ru_bel_la, ru_bel_la agli af_

_fet_tidi a_mi_ca pie_tà. In quel guardo, in quei

ce_di al più te _ nero a_mor, già ____ tu ce_di, tu ce_di al più

te _ ne_ro a _ mor. Ah, lo veggio, quell'a_ni_ma bel_la al mio

pian_to re_si_ster non sa, non è fat_ta per es_ser ru_bel_la ____ agli af_

_fet _ ti di ami _ ca pie _ tà, ____ non è fat_ta per es_ser ru_bel_la, ru_

ce_di, tu ce_di al più te _ _ ne _ ro a _ mor; \_\_\_ già ri_

_spondi a'miei cal_di de _ si _ ri! già tu ce_di al più te _ nero a_mor,

già \_\_\_ tu_ ce_di, tu ce_di al più te _ _ ne _ ro a _

_mor, _____ al più te _ ne_ro a_mor, \_\_\_\_\_ al più

Ah! ces_sa_te, speran_ze fal_la_ci, la cru_del mi condan_na a mo_rir,_____ la cru_del_____ mi con dan _ _ _ na a mo_rir, la crudel mi con_dan _ na a mo_rir, la cru_del mi con dan _ na a mo_rir, la crudel mi con_dan _ na, condan _ na a mo_rir.

# Dalla sua pace

DON GIOVANNI

pian_to è mi_o e non ho be_ne s'el_lanon l'ha, e non ho

be_ne s'el_la non l'ha, e non ho be_ne s'el_la non l'ha;___

dal_la sua pa_ce la mia di_pen_de, quel ch'alei pia_ce

vi_ta mi ren_de, quel chelein_cre_sce mor_te mi dà,

# Il mio tesoro

## DON GIOVANNI

# O wie ängstlich, o wie feurig

## DIE ENTFÜHRUNG AUS DEM SERAIL

hebt sich die schwellen_de Brust.

Ist das ihr Lis_peln? Es wird mir so ban _ ge;

war das ihr Seuf _ zen? Es glüht mir_die_

Wan _ ge. Täuscht mich die Lie_be, war es ein Traum? Täuscht mich die

Lie _ be,     war es ein Traum?   Täuscht mich die Lie _ be,   war   es   ein Traum?

O   wie ängstlich,   o   wie feu_rig   klopft mein lie _ bevol _ les

Herz,     klopft mein lie _ bevol _ les Herz, klopft mein lie _ be _ vol _ _

_ _ _ _ _ les Herz!                                     Ist das ihr

schwanke; o wie ängst_lich, o__ wie feu_rig klopft mein lie _ bevol _ les Herz!

klopft mein__ lie_be _volles__ Herz, klopft mein lie_be_vol_les Herz, mein__

lie _ be_vol_les Herz, mein__ lie _ be_vol_les Herz!

# Frisch zum Kampfe!

## DIE ENTFÜHRUNG AUS DEM SERAIL

82

Nur ein fei-ger Tropf ver-zagt, nur ein fei-ger Tropf ver-zagt.

Frisch zum Kampfe! frisch zum Strei - te! Frisch,

frisch zum Kamp-fe, frisch zum Strei - te! Frisch zum

Kamp - fe! Frisch zum Strei - - - te!

85

# Ich baue ganz auf deine Stärke
## DIE ENTFÜHRUNG AUS DEM SERAIL

Ich bau_e ganz___ auf_ dei _ ne Stär _ ke, vertrau',___ o_ Lie _be, dei _ner_

Macht,_ ver _ trau',_ o_ Lie _ be, o Lie _ be,_dei_ner Macht.

Denn ach, was wurden nicht für Wer_ke schon oft durch

dich_____ zu Stand gebracht, was wur _ den nicht für Wer_ke schon oft_ durch

dich zu Stand ge_bracht. Was al _ ler Welt un _

88

Was al_ler Welt un_

mög_lich_scheint, wird durch die Lie_be doch_ver_eint.

Was al - ler Welt, aller Welt un möglich

scheint, wird durch die Lie - be, durch die Lie - be doch ver - eint.

*fp*  *tr*

Ich bau - e ganz auf

*tr*  *p*

dei - ne Stär - ke, ver trau', o Lie - be, dei - ner Macht, ver -

trau', ___ o Lie _ be, o Lie _ be, _ dei _ ner Macht.

Denn ach! was wur _ den nicht für Wer _ ke schon oft durch

dich _____ zu Stand gebracht, schon oft _____ durch dich zu Stand gebracht, _____

Lie _ be, durch die Lie _ be _ doch vereint, _____ wird durch die

Lie _ be doch _____ ver _ eint, _____

doch _____ ver _ eint, _____ doch ver _ eint, _____ doch ver _

eint.

# Wenn der Freude Tränen fliessen

## DIE ENTFÜHRUNG AUS DEM SERAIL

Wenn der Freu _ de Trä _ nen

flies _ sen, lä _ chelt Lie _ be dem Geliebten hold! __ Von den Wan _ gen sie __ zu

küs _ sen, ist der Lie _ be schönster, grösster Sold, __ ist __ der Lie _ be schönster, grösster

Sold. Ach! Con_stan_ze! dich zu se_hen, dich voll

Won_ne, _____ voll Ent_zük_ken an dies treu _ e Herz zu

drük_ken, lohnet mir nicht Kron' und Pracht, lohnet mir nicht Kron' und

Pracht, nicht _____ Kron' und Pracht, lohnet mir nicht Kron' und _____ Pracht! Wenn der

Freu - de Trä - nen flies - sen, lä - chelt Lie - be dem Geliebten hold! __ Von den

Wan - gen sie __ zu küs - sen, ist __ der Lie - be schönster, grösster Sold, __ ist der

Lie - be schönster, grösster Sold. Ach, Constanze! dich zu se - hen, dich voll Wonne, voll Ent-

zücken an die treue Herz zu drük - ken, loh - net mir __ nicht Kron' und __ Pracht,

sel' _ ge Wie _ der _ fin _ den, lässt in _ nig _ erst mich

ganz ___ emp _ fin _ den, welchen Schmerz, ___ welchen Schmerz ___ die

Tren _ nung, die Tren _ nung macht, welchen Schmerz die Trennung

macht, ___ wel _ chen Schmerz die Trennung macht, die Tren _ nung macht, die

Tren _ nung macht.

# Che beltà, che leggiadria

## LA FINTA GIARDINIERA

100

102

# Care pupille, pupille belle

## LA FINTA GIARDINIERA

Ca - re pu - pil - le, pu - pil - le_ bel - le, vol -

-ge - te un sguar - do a me,_ vol - ge - te, vol-

-ge - te un_ sguar - do a_ me. Ah, se voi sie - te quel - le,

ah, se voi sie - te quel - le che de - li - rar_ mi fa - te...

Par - to, non vi sde - gna - te, non vi sde - gna - te, che bar - ba - ro ri -

- gor, che bar - ba - ro ri - gor, che bar - ba - ro_ ri -

- gor, che bar - ba - ro_ ri - gor.

Ca - re pu - pil - le, pu - pil - le

108

-tis - si - mo, gli son buon ser - vi - tor. (De - stin ma - le - det - tis - si - mo,

ma - le - det - tis - si - mo, de - stin ma - le - det - tis - si - mo, man - ca - va que-sto an-

cor.) Pa - dro - ne sti - ma - tis - si - mo, (de - stin ma - le - det - tis - si - mo,) gli

son buon ser - vi - tor. (Man - ca - va que-sto an - cor, de - stin ma - le - det-

-tis - si - mo, man - ca - va ques-to an- cor.) Pa - dro - ne sti - ma - tis - si - mo, gli

son buon ser - vi - tor. (De - stin ma - le - det - tis - si - mo, man - ca - va ques-to an - cor, man -

- ca - va_ que-sto an - cor, man - ca - va_ que-sto an - cor.)

# In voi, belle, è leggiadria

## LA FINTA SEMPLICE

In voi, bel - le, è leg-gia-dri - a se ta-

114

fà, per a - mor,__ per a - mor,__ per a - mor__ tut - to ____ poi

fà. In voi

bel - le, è leg-gia - dri - a se ta - lor__ pre-gar__ vi__ fa - te, se ta-

-lor pre-gar__ vi__ fa - te; il ne - ga - re è cor - te - si - a, se ne-

116

fà.

Fan-ciul-

**Allegro**

-let - te ri - tro - set - te, se per far - vi a noi più ca - re voi vi

**Allegro**

fa - te as - sai pre - ga - re, fa - te be - ne in ve - ri - tà; fan-ciul-let-te ri-tro-

-set - te, fa - te be-ne im ve - ri - tà, se per far - vi a noi più ca - re voi vi

# Cosa ha mai la donna indosso

## LA FINTA SEMPLICE

Il ma - lan - no, il ma - lan - no che li

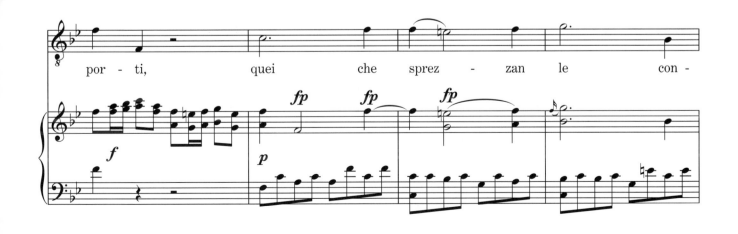

por - ti, quei che sprez - zan le con -

mo - glie, be - ne - det - ta, an - che a me, per ca - ri - tà, per ca - ri -

-tà, per ca - ri - tà.

# Se il tuo duol

## IDOMENEO

† appoggiatura

128

Qua-li al tro - no sian com-
-pa - gni, chi l'am - bis - cè or ve-da e im-pa - ri, or
ve - da e im - pa - ri: stia lon - tan, stia lon-
-tan o __ non __ si __ la - gni se non tro - va __ che mar - tir, se non

131

duol _____ pron - - to a fug - gir.

Se il tuo duol, se il _ mio _ de-

-si - o      se'n - vo-

-las - se - ro del pa - ri,      a ub - bi - dir - ti      qual son

pron - to a fug - gir.

# Fuor del mar

## IDOMENEO

Andante sostenuto

Qual mi con_tur_ba i sen_si e_qui_vo_ca fa_

Andante sostenuto

_vel_la? ne'suoi ca_si qual mostra a un tratto intempesti_va gio_ia la Frigia Princi_

_pes_sa? Quei, ch'e_sprime te_ne_ri senti_

cresc. fp

_men_ti per il Prence sa_reb_ber for_se, ahimè! senti_men_ti d'amor, gioia, di

f

+ appoggiatura

spe - me!　　　Non m'inganno: re_ci_pro_co a l'a_

_mo _ re,　　　troppo, I_daman_te, a

scior quelle ca_te_ne  sol_le_ci_to tu fo_sti.　Ecco il delit _ to, che in te pu_nisce il ciel.

*risoluto*

Si, si, a Nettuno, il fi_glio, il padre ed I_lia, tre vit_time sa _ ran su l'ara istessa da e_

_gual dolor afflit_te,　u _ na dal ferro  e  due dal duol trafit_te.

Allegro maestoso

Fuor del mar ho un mar in se _ no,       che _____ del pri _mo è più _____ fu _

ces _ sa,     non ces _ sa a mi _ nac _ ciar,_____

non   ces_sa a mi _ nac _ ciar,_____

142

146

# Torna la pace al core
## IDOMENEO

Po_po_li!     a

voi l'ul_ti_ma legge im_po_ne I_do_me_ne_o qual Re!

Pa _ ce v'annunzio! com_piuto il sa_cri_fi_zio, è sciolto il

vo_to! Net_tu_no e tutti i Numi a questo Regno a_mi_ci

son; re_sta che al cen_no lo_ro I_dome_ne_o o_ra ubbi_

+ appoggiatura

_di_sca,                    (o   quanto,      o   som_miDe_i!

quanto m'è grato il cen_no!).        Ec_covi un   altro Re,        un

al_tro me stesso,         a I_da_man_te mio  figlio,  al ca_ro  figlio

cedo il soglio di Creta,   e tutto insieme   il sovra_no po_ter,

i suoi comandi ri_spet_ta_te, e_segui_te ub_bi_dien_ti, come i miei e_se_

_guiste e ri_spettaste, on_de grato io vi son.　　　　　　　Questa è la

leg _ ge.　　　　　　Ec_co_vi la Real sposa!

Mi_ra_te in que_sta bel_la coppia un don del Cie _ lo, ser _ ba_to a

voi,                quan_to spe_rar vi  li_ce,                    o Cre_ta for_tu_

_nata!                                 O__me fe_li_ce!

**ARIA**
Adagio

Tor    _    na la pa    _    _ce al co_re,      al

154

co - re,  tor_na lo spen_to ardo _ re,_____ tor _ na la pa _ ce al

co _ re,  la pa _ _ ce al cor,_____ la

pa _ _ _ _ ce al cor.

157

_do _re, lo spen _to ar_do_re, fio _ ri _ sce in me___ l'e _ tà, fio _

_ri _ sce in me l'e _ tà; tor _ na la

pa _ _ ce al co _ re, tor _ na lo spen _ to ar_

_do _ re, lo spen _ to ar_do_re, fio_

_ri _sce in me l'e _tà, fio _ ri _ sce in me l'e_

_tà, tor _ na la pa _ _ ce al

co _ re, tor _ na la pa _ _ _ _

_ _ _ _ ce al

# Il desio di vendetta

## LUCIO SILLA

Il de - si - o di ven - det - ta e di

mor - te sì m'in - fiam - ma, sì m'in - fam - ma, e sì m'a - gi - ta il

† appoggiatura

-fiam - ma, e sì m'a - gi - ta il pet - to,

che in que - st'al - ma o - gni de - bo - le af-

-fet - to di - sprez - za - to si can - gia in fu - ror. Il de-

-si - o di ven - det - ta e di mor - te sì m'in - fiam - ma, e sì m'a - gi - ta il

For - se,    for - se nel pun - to e - stre - mo

del - la fa - tal par - ti - ta,    del - - la fa - tal__ par -

Il de - si - o di ven - det - ta e di mor - te sì m'in-

- fiam - ma, e sì m'a - gi - ta il pet - to,

che in que - st'al - - - ma o - gni de - bo - le af-

- fet - to di - sprez - za - to si can - gia in fu - ror, di - sprez-

-za - - to si can - - - gia in _____ fu -

-ror.

# Guerrier, che d'un acciaro

## LUCIO SILLA

Guer-

-rier, che d'un ac - cia - - - - - - cia - - - - - - - - - ro im - pal - li - di - sce al lam - po, im -

- pal - li - di - sce al lam - - - - - -

174

-tà.

Guer - rier, che d'un ac - cia - ro

im - pal - li - di - sce al lam - po, a dar non va - da in

cam - po pro - - ve di sua vil - tà.

† appoggiatura

Guer - rier, che d'un ac-cia - ro im - pal - li - di - sce al lam - po, a dar non va - da in cam - po pro - - - - ve di sua vil - tà. Guer - rier, che d'un ac - cia - ro

178

ce - de a un vil ti - mo - re,   se or ce - de al - la spe - ran - za,   e

qual sa - rà in - co - stan - za   se que - sta non   sa - rà,   e

qual   sa - rà in - co - stan - za   se que - sta non sa - rà?

sua vil - tà, pro - ve_ di_ sua _____ vil-

- tà, pro - ve di sua _____ vil-

[cadenza]

- tà.

# In quegli anni
## LE NOZZE DI FIGARO

In que_gli anni in cui val po_co la mal pra_ti_ca ra_

_gion ebbi an_ch'io lo stes_so fo_co, fui quel paz_zo ch'or non

son, fui quel paz_zo ch'or non son. Ma col tem_po, coi pe_ri_gli Donna

_ma_ro, di so_ma_ro, di so _ma_ro: prendi! disse, o figlio ca_ro! o figlio

caro! poi disparve, e mi lasciò, poi disparve, e mi lasciò.

**Tempo di Minuetto**

Mentre ancor ta _ ci_to guardo quel do_no, mentre ancor guar_do quel

do _ no, il ciel s'an _ nu _ vo_la,

rim _ bom _ ba il tuo _ no, mi_sta al_la gran _ di _ ne scro_scia la

pio _ va, scroscia la pio _ va; ec _ co, le mem _ bra

co _ prir mi gio _ va col man _ to d'a _ si _ no che mi do _

_ nò, col man _ to d'a _ si _ no che mi do _ nò. Fi _ nisce il

tur _ bi _ ne, nè fo due passi, che fie _ ra or _ ri _ bi _ le dianzi a _ me _

188

-go -gna e mor -te col cuo _ io d'a _ si _no fug _

-gir si può, col cuo _ io d'a _ si_no fug _ gir si

può, col cuo _ io d'a _ si_no fug _ gir si può, fug _

-gir si può, fug _ gir si può.

# Voi che fausti ognor donate
IL RE PASTORE

lau _ ri mie_i, se_con_

_da_te, a_mi_ci De_i, anchei mo _ ti del mio cor, an_chei

mo _ ti del mio cor. Voi che fau_sti ognor do _

_na _ te nuo_vi ger_mi a' lau_ri mie_i,

del _____ mio cor.

Voi che fau _ sti o _ gnor do _

_ na _ te nuo _ vi germi a' lau _ ri mie _ i, a' lau _ ri __

mie _ i, voi che fau _ sti o _ gnor do _ na _ te

mo _ ti, an _ che i mo _ ti del mio cor. Voi che

fau _ sti ognor do _ na _ te nuo _ vi ger mi a' lau _ ri

mie _ i, se _ con _ da _ _

_ _ _ te, a _ mi _ ci De _ i, an _ che i

# Si spande al sole in faccia
## IL RE PASTORE

Si span _ deal so _ le in fac _ cia nu _ be ta _ lor co _

_ sì, nu _ be ta _ lor co _ sì, e

fol _ gora, e mi _ naccia, e fol _ gora, e mi _

_nac _ cia sul _ l'a _ ri _ do ter _ ren;

si span _ de al so _ le in fac _ cia

nu _ be ta _ lor___ co _ sì,    e fol _ gora

e mi _ nac _ _ _ _

cia sul l'a - ri -

-do ter - ren, sul - l'a - ri - do ter - ren.

Ma poi che in quel - la fog - gia as - sai d'u

204

# Se vicendo vi rendo felici

IL RE PASTORE

207

-man-do più bel-la mer-ce', non di man- - -

- - - do, non di-

-man - do più bel - la mer-ce'! Se vin-

-cen - do vi ren - do fe - li - ci,                    se par-

-ten - do non la - scio ne - mi - ci:   che bel gior - no fia que - sto per me,       fia

que - sto     per me!                    De' su - do - ri ch'io spar - go pu-

-gnan - do,              non di - man - do più bel - la mer - ce',        non di-

-man do più bel - la mer - ce',                              non di - mando più bel - la mer-

-ce',                                                                              non di -

-man - do più bel - la                   mer - ce'!

Se vin _ cen _ do vi ren _ do fe _ li _ ci,

se par _ ten _ do non la _ scio ne _ mi _ ci:

che bel gior _ no fia que _ sto per me!

De' su_do_ri ch'io spar_go pu_gnando, non di_ _man_do più bel_la mer_ce; non di_man_ _do, non di_man_do più bel_la mer_

_ce'!

Se vin_cen_do vi ren_do fe _ li _ ci,

se par_ten _ do non la _ scio ne _ mi _ ci:     che bel

gior _ no fia que_sto per me,     fia     que _ sto     per me!

De' su_do _ ri ch'io spar_go pu _ gnan _ do,     non di_

# Dì che sei l'arbitra

## IL SOGNO DI SCIPIONE

Dì che sei l'ar - bi-tra del mon-do in - ter - ro, ___

del mon - do in - te - ro, ma non pre - ten-de-re

per - ciò l'im-per - ro d'u - n'al-ma in - tre - pi - da, d'un

218

per-ciò l'im-pe - ro d'u - n'al-ma in - tre - pi - da, d'un no - bil \_\_ cor. \_\_

Dì che sei l'ar - bi-tra del mon-do in - te - ro,

del mon-do in - te - ro, ma non pre-

-ten -

222

**Andante**

*Fine*

Te vi - lia - do - ri - no, nu - me ti - ran - no,

te___ vi - lia - do - ri - no, nu - me ti - ran - no,

quei che non prez - za - no, quei che non han - no che il bas - so

224

# Rase, Schicksal, wüte immer

## ZAIDE

226

† appoggiatura

Bild＿ macht al - les, macht al - les gut,＿ macht al -

- - les gut. Ra - se, Schick - sal, wü - te

im - mer, die - ser Schild trotzt dei - ner Wut; dei - ne＿

Schlä - ge＿ fürcht'＿ ich＿ nim - mer, nein!

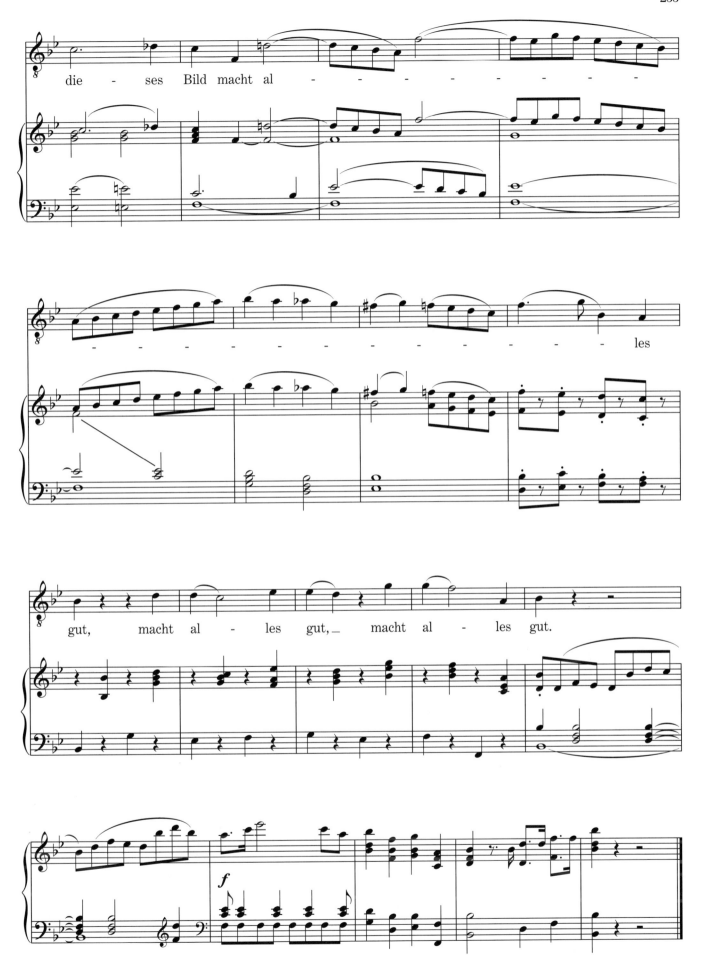

die - ses Bild macht al - - - - - - - - - - - les gut, macht al - les gut, macht al - les gut.

# Herr und Freund, wie dank' ich dir

## ZAIDE

† appoggiatura

236

selbst nicht,_ was ich tu', weiß ich selbst nicht was ich

tu'. Denn die Trie - be mei ner Lie - be rau-ben mir der Sin - nen

cresc.

f

Ruh', denn die Trie - be mei - ner Lie - be

p

rau - ben mir der_ Sin - nen_ Ruh', rau - ben

mir der Sin - nen Ruh', rau - ben mir der Sin - nen

cresc.

Ruh'. Laß dich

f

küs - sen, laß dich drü - cken, laß dich küs - sen, laß dich drü - cken! Ach! im

cresc.

Tau - mel von Ent - zü - cken, ach! im Tau - mel von Ent - zü - cken weiß ich

f   p         f   p

selbst nicht was ich tu', was ich tu'.

Laß mich dei - ne Knie um - fas - sen,

laß mich dei - ne Knie um - fas - sen, doch ich muß dich schnell ver - las - sen,

doch ich muß dich schnell ver - las - sen, denn ich bren - ne vor Be - gier, vor Be -

gier, vor Be - gier! Herr und

Freund, _ wie dank' ich dir, _ wie dank' _ ich dir! Laß dich

küs - sen, laß dich drü - cken, laß dich küs - sen, laß dich drü - cken! Ach! im

Tau - mel von Ent - zü - cken, von Ent - zü - cken

weiß    ich    selbst    nicht, was ___ ich

tu'.                    Denn    die    Trie - be

mei -    ner    Lie - be    rau - ben    mir    der ___

Sin -    nen ___ Ruh',    rau - ben    mir    der _____ Sin -    nen _____

241

# Dies Bildnis ist bezaubernd schön
## DIE ZAUBERFLÖTE

Dies Bild_nis ist be_zaubernd schön, wie noch kein Au_ge je ge_sehn! Ich fühl'es, ich fühl'es, wie dies Göt_terbild mein Herz _____ mit neu_er Regung füllt, mein Herz _____ mit neu_er Regung